W0229591

Edith Wolf / Text
Florian Mitgutsch / Illustration

Wie war das doch gleich?

Rieder Bilderbücher

Titel „Wie war das doch gleich? Gedichte für Kinder"
© Susanna Rieder Verlag, München 2011
www.riederbuch.de

Alle Rechte vorbehalten

Layout, Satz und Buchgestaltung: Franziska Misselwitz, Hamburg
Illustrationen: Florian Mitgutsch, München

Druck: Stürtz GmbH, Würzburg
Printed in Germany

ISBN 978-3-941172-48-7
ISBN (Vorzugsausgabe) 978-3-941172-65-4

Edith Wolf / Text
Florian Mitgutsch / Illustration

Wie war das doch gleich?

Gedichte für Kinder

Mit einem Vorwort von Gerhard Polt

Edith Wolf, Autorin und Fotografin, lebt seit einigen Jahren in München. Hier sind auch die Kindergedichte für dieses Buch entstanden.

Der Illustrator Florian Mitgutsch, geboren 1964 und aufgewachsen in München, studierte Illustration an der FH Darmstadt und an der Hochschule der Bildenden Künste Bratislava. Derzeit lebt er mit Frau und Kind in München. Er arbeitet für diverse Buchverlage, Werbeagenturen und Zeitschriften und illustriert regelmäßig die Literaturseite einer Tageszeitung. In letzter Zeit widmet er sich immer mehr der Kinderbuchillustration.

Die Buchgestalterin Franziska Misselwitz, geboren 1981 in Thüringen, studierte Design in Dresden, Münster und Zürich. Sie gestaltet Magazine und Bücher für verschiedene Verlage. Mehrere ihrer Arbeiten wurden mit dem red dot award ausgezeichnet. Sie lebt und arbeitet in Hamburg als freie Grafikerin und Illustratorin. www.franziskamisselwitz.de

Inhaltsverzeichnis

Tschilli Tschilli Billi

Tschilli Tschilli
Billi.
Das war einmal, ist lange her,
es gibt fast keine Spuren mehr.

Tschilli Tschilli
Billi.
Manchmal klingen noch die Ohren,
und so ist es nicht verloren –
denkt man doch nach Tag und Jahr,
wie schön das Tschilli Billi war.

ЖИЛИ-ЖИЛИ БЫЛИ: Die Autorin erinnert sich hier
liebevoll an ihre russische Großmutter, die alle Märchen, die sie erzählte,
mit den Worten „Tschilli Billi" begann. Dies bedeutet: „Es war einmal ..."

Vorwort

Ich glaube zu wissen, wo es angefangen hat. Nämlich dort, wo der Fuchs einem Hasen Gute Nacht gesagt hat. Aber wer glaubt, eben dort sei nichts los, der irrt gewaltig. Unvergesslich, das wunderbare Konzert der Bremer Stadtmusikanten! So ein Ensemble hat die Welt kein zweites Mal gesehen. Und der Gockel als Superstar, säkular!

Drum, auch wenn der Leibl Bubi behauptet, es gäbe gar keinen Osterhasen, das wäre nur ein Märchen, kann ich nur lachen. Ausgerechnet der Leibl Bubi gibt so etwas von sich, wo er doch wissen muss, dass es ihn genau nur deshalb gibt, weil er ein Märchen ist. Und wenn er auch nur einen Funken Verstand unter seinem Käppi hat, dann muss er doch zugeben, dass kein anderer als er selbst es war, der den Kasperl vor dem Krokodil gerettet hat, weil er damals im Theater so laut „Obacht!" geschrien hat.

Ich bleibe dabei: Dort, wo der Fuchs dem Hasen Gute Nacht sagt, da ist der Teufel los. Nur dort kann man mit einer Giraffe auf Augenhöhe über die Peripherie reden, weil sie dort selbst in ihrer Randerscheinung noch zentral ist, aber natürlich nur für den, der zwischen Märchen und Unglaubwürdigem unterscheiden kann.

Erst neulich ist die Begeisterung wieder mit mir durchgegangen. Ich konnte sie beim besten Willen nicht halten, als ich nach zwei sintflutartigen Wolkenbrüchen im Gespräch mit einem Regenwurm erfuhr, er werde nun als Aal in die Nordsee stechen. Unglaublich - aber wahr! Und seit ich vom Hans Guck-in-die-Luft das Auszählen beherrsche, nämlich „Eene meene subtrahene, divi davi dominee, heck meck Speck, und du bist weg!", habe ich die Mathematik nicht mehr sehr vermisst.

Drum hat die Edith vollkommen recht – wer das Tschilli Tschilli Billi nicht kennt, der vermisst es auch nicht. Wir anderen dafür umso mehr. Und deshalb sind wir ihr dankbar, dass sie ihm ein so schönes Comeback verschafft hat.

März 2011, Gerhard Polt

War es vielleicht nur ein Traum?

Gestern tat's plötzlich einen Krach.
Es flog ein Zauberer vom Dach.
Mit Höllenlärm und Stinkerei
wie von schwefeligem Ei.
Ich bekam fast keine Luft
in diesem Gruselzauberduft ...

Der Zaub'rer knurrt: „Welch schöner Knall!
Und was für ein perfekter Fall!"
Er lachte wie ein Gruseltier,
ganz furchtbar hässlich, sag ich dir!

Seine blau getupfte Nase
glich einer blau getupften Vase.
Auch sein zottlig weißes Haar
wild und furchterregend war.

Was wollte er da oben machen?
Er schrie: „Ich wollt' herunterkrachen!"
Zischt': „Hokus-Pokus-Schweinespeck!"
... dann war er wieder weg.

Wenn du weggehst, will ich lange winken,
und in Tränen möchte ich versinken.

Wenn du kommst, will ich in deine Arme fallen,
dir 99 Küsse auf die Backen knallen.

So schön ist es, das Wiedersehen!
So traurig ist es, fort zu gehen!

Doch wenn ich auf dich warten muss,
geb' ich dem Teddy einen Kuss –
nur einen Kuss für ihn von mir –
99 Küsse gehören dir!

Kochduell mit Frau Hex

Am Dorfplatz sah man groß gedruckt:
„Macht mit beim Kochduell!"
Frau Hex hat nur mal kurz gezuckt,
war flugs an Ort und Stell'.
Bei diesem Brimbamborium
wollt' sie die Beste sein!
Band sich die Zauberschürze um
und kocht' ihr Hexschmeckfein.

Flugs stand gebrutzelt auf dem Tisch
das magische Leck-Schmeck:
Krötenpizza, gelber Fisch
mit schwarzem Mäusespeck,
Hutzelkrusteln, Knurzelwurst
und bester Kater-Wein,
je zwei Flaschen für den Durst ...
Plötzlich war sie allein!

Sie hat sich fürchterlich geniert!
Denn von dem Hexschmeckfein
hat keiner was probiert!

Unberührt stand auf dem Tisch
das magische Leck-Schmeck:
Krötenpizza, gelber Fisch
mit schwarzem Mäusespeck,
Hutzelkrusteln, Knurzelwurst,
voll blieben auch die Flaschen
für den Kater-Durst ...

Frau Hex holt zornig ihre Taschen,
trinkt vier Achtel von dem Wein,
stürzt sich dann auf ihren Besen,
packt Gebräu, Gebrutzel ein –
flugs ist sie fort gewesen.

Jolande Flitzenhuschel
ist eine wilde Maus.
Sie treibt ihr schnelles Spiel
im ganzen Treppenhaus.

Dort flitzelt sie und huschelt
auf und ab ganz fix.
Auf steilem Holzgeländer
rutscht sie rasant wie nix.

Von ganz oben bis hinunter
jolandet sie kopfunter munter.
Auch kopfüber hie und dann
kommt sie unten wieder an.

Dann flitzelt sie und huschelt
wieder ganz nach oben,
um in ihrem Treppenhaus
fix wie nix zu toben.

Auf einem Meeresriff

Krabb Krabbe fleht: „Hum Hummer,
gib mir doch deine Handy-Nummer.
Du bist der Star von diesem Meer,
ich bewundere dich sehr."

Hum Hummer sagt: „Krabb Krabb,
hau besser ganz schnell ab!
Meine Nummer ist unter Verschluss,
weil ich vielen sonst antworten muss.
Niemals geb' ich die Nummer preis,
sonst laufen mir die Drähte heiß.
Jeder wollt' mit mir parlieren
und meint, es würd' mich interessieren ...

Bin nicht erreichbar per Telefon
– vielleicht erwähnte ich es schon –
vor zwei Wochen auf den Azoren,
da hab' ich mein Handy verloren."

19

Frau Wi-Wa Wahl

Frau Wi-Wa Wahl
waren Namen schnurzegal.
„Dings-Bums", so rief sie ihre Hunde
seit der allerersten Stunde.

Die Hunde nahmen ihr das krumm
und tapsten stumm im Kreis herum.
So blöde Namen hatte keiner,
Fritz und Franz wär' doch viel feiner!

Doch Frau Schnurzegal
traf keine andre Wahl.
„Dings-Bums sitz!
Dings-Bums flitz!"

Beide Hunde seufzten tief,
weil man sie so lieblos rief.
So konnte es nicht weitergehen,
das musste diese Frau verstehen!
Sie duckten sich bis zu den Füßen
und schlichen fort, ohne zu grüßen.

Und mit hoch erhob'nem Schwanz
nannten sie sich Fritz und Franz.

Im Restaurant Rosario

Im Restaurant **Rosario**
bestellte Friedalinde Floh
geschnipselte Radieschen
für ihre Puppe Lieschen.

Der Ober im **Rosario**
sagte zu Friedalinde Floh:
„Ich empfehle Ihnen
Risi-Bisi mit Rosinen!"

„Gut!", meinte Friedalinde Floh
im Restaurant **Rosario**,
„bevor wir aber wählen,
muss ich mein Geld noch zählen."

23

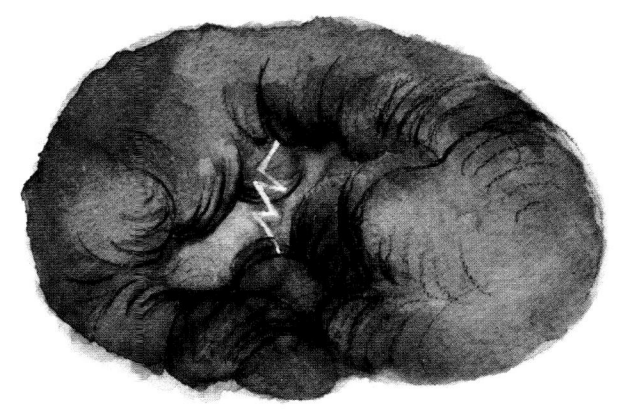

Vier Hasen im Regen

Schwarz wolkte sich der Himmel zu ...
Vier Hasen fragten bang: „Was nu'?"
Sprangen dann mit zwei, drei Hupf
in einen kleinen Unterschlupf.
Doch der war überhaupt nicht dicht!
Da machten sie ein blöd's Gesicht.
Der kleinste mit den schiefen Ohren
schaut' aus 'ner Pfütze, ganz verfroren,
sah nicht mehr wie ein Häschen aus,
glich einer Tiefseetauchermaus.

So pitschi-nass und auch so patschi
hört' man bald ein Hatschi-Hatschi.
Alle hatten einen Schnupfen
und wollten nicht mehr hoppelhupfen.

Doch plötzlich war der Himmel hell,
da trockneten die Hasen schnell.
Und quietschi-quatschi-lustig-munter
hüpften sie ins Tal hinunter,
hoppelten zum Feld – weit drüben.
Dort mampften sie fünf gelbe Rüben.

Der Torwart

Schaut alle auf mein Fußballtor,
denn da stehe ich davor,
und bin im Sprung, im Fallen, Hangen,
um alle Bälle abzufangen.

Ich bin der Torwart, halte jeden Schuss!
Elf zu Null wird's steh'n am Schluss!
Wir werden die Gewinner sein,
denn bei mir schießt keiner rein!

Elf Bälle hab' ich durchgelassen,
die waren einfach nicht zu fassen.
Die waren wirklich hundsgemein!
Das sieht sogar der Trainer ein.

Ein komisches Frühstück

Meike May nimmt ein Ei
für die Eier-Pfanne.
Da gibt es eine Panne.
Aus Versehen klatscht das Ei
von Meike May
in die Kaffeekanne.
Dieser Glibber-Glupsch
macht den Kaffee futsch.
Un-be-eiert bleibt die Pfanne
durch diese Panne.

Was frühstückt Meike May
nun ohne Frühstücksei
mit einer Kaffee-Schweinerei?
Oh wei oh wei!
Niemand wird es je erfahren,
oder erst nach vielen Jahren.
Vielleicht hat sie gelacht
und aus dem Glibber-Glupsch-Kaffee ein Süppchen sich gemacht.

Was und wen magst du?

Die kleine Rosmarie
erklärt der Freundin Amelie,
was sie am liebsten mag,
was sie sich wünschte jeden Tag.
Rosmariechen beugt sich vor
und spricht der Amelie ins Ohr:

„Sommerferien, Eis und Strand,
Burgenbauen mit viel Sand,
Spaghetti, Schnitzel, Gummibärchen,
Geschichten hören und auch Märchen,
Hundebabys, Ponyhof,
Tom und Jerry, Dick und Doof –
natürlich mag ich auch Papa
und vor allem die Mama.“

Amelie hat sie nicht genannt.
Die ist beleidigt fortgerannt.

Der Wiedehopf

Ein Wiedehupf
sucht Unterschlupf,
doch keiner lässt ihn rein.
Alle sagen: „Nein!"

Das tut er sehr verübeln,
denn es regnet wie aus Kübeln.
Es gießt und strömt das Wasser,
und er wird immer nasser.

Da sieht in einer Pfütze
er eine große Mütze.
Gleich stülpt er sie auf seinen Kopf,
der Wiedehopf.

Nun kann er nichts mehr sehen.
So stolpert er beim Gehen
in einen Unterschlupf,
der Wiedehupf.

Und denkt: „Aha!
Solang es kübelt, bleib ich da.
Ob Wiedehopf, ob Wiedehupf,
ich habe einen Unterschlupf!"

Wie man kampflos gewinnen kann

Ein Eber und ein Hammel
hatten voreinander Bammel.
Keiner wusst', wer stärker war.
Sie überlegten's schon ein Jahr.
Es kam, dass sie sich trafen
mit den Säuen und den Schafen.

Jetzt standen beide dicht an dicht,
schauten bös sich ins Gesicht
und blieben dann so stehen.
Denn wer sollte auch gehen?

Da blökte der Hammel ganz leise
und drückte abwechslungsweise
mal rechts, mal links das Auge zu.
Er tat's mit großer Ruh'.
Er machte das eine Weile.
Er zeigte keine Eile.

Dem Eber schien das fraglich,
es war ihm unbehaglich.
Mit seinen Säuen, ganz behände,
räumt' er kampflos das Gelände.

Man hört den Hammel dann zu seinen Schafen sagen:
„Man muss es einfach wagen,
mit Cleverness zu siegen,
ohne dass die Fetzen fliegen!"

Fahrt ins Blaue

Ganz ohne Ziel fängt man die Reise an,
und wo es schön ist, bleibt man dann ...

Guten Morgen und yippie,
heute wird es schön wie nie!
Jeder hat ganz breit und rund
einen großen Smiley-Mund.

Der eine pfeift, der andre singt,
der eine hüpft, der andre springt,
keiner zickt und keiner bockt,
weil ein Abenteuer lockt:

Ins Blaue fahren wir, yippie!
Heute wird es schön wie nie!

Schnell und schlau

„Wart', wenn ich dich kriege,
du freche Stubenfliege!",
sagt Schnipsi Schnut
voller Wut
und jagt mit einem Stück Papier
nach dem Sumselbrumse-Tier.

Da fliegt die Fliege fort
zu einem andren Ort,
mit Sumsen und mit Sausen,
mit Brumsen und mit Brausen,
und landet leise in dem Hut
von Schnipsi Schnut.

Was hat sie dort gemacht?
Sie hat ins Fäustchen sich gelacht.

37

Die Kuh

Die Kuh auf der Wiese,
mit was frisst sie Gras?

Die Antwort macht dir sicher Spaß!
Sie rollt ihre Zunge um Büschel aus Gras
und rupft in einem Zuck,
und zupft in einem Ruck,
und schiebt es in ihr Maul, das Gras.
So macht sie das!

Und weil sie Gras so gerne mag,
macht sie das hundert Mal am Tag
mit ihrer Schling-Schlang-Zunge,
bis sie satt
und hundert Büschel gefressen hat.

Dann macht sie Muh,
die Kuh,
und kaut noch eine Weile,
denn sie kennt keine Eile.

In einer Höhle

In einer Höhle hinterm Berge
hausen viele kleine Zwerge
mit vielen großen Riesen,
die Spaß und Quatsch genießen.

Doch leider gibt es Zeiten,
die keinen Spaß bereiten,
denn hat ein Riese mal die Grippe,
erwischt es gleich die ganze Sippe.

Und weil kranke Riesen
schrecklich lautstark niesen,
gibt es Knall auf Knall
mit Spritz-Guss-Wasserfall.

Doch die Zwerge kennen Ecken,
wo sie gerne sich verstecken.
Sie kuscheln dicht an dicht,
die Mützen im Gesicht.

Und wenn Riesen husten,
fegt ihr Puste-Prusten
die ganze Höhle leer.
Man findet dann nichts mehr,

außer in den Ecken,
wo die Zwerge sich verstecken,
gekuschelt dicht an dicht,
die Mützen im Gesicht.

42

Bären fressen Raben und gern Beeren.
Beeren fressen auch die Raben.
Doch Raben fressen keine Bären –
wollen sich an Beeren laben.

Nur, dass Bären Raben fressen,
ist vielleicht nicht wahr.
Bären wollen Beeren essen –
und Honig, das ist klar.

Und Raben fressen viele Beeren.
Vor Bären fliegen sie davon,
denn Raben haben Angst vor Bären,
das wissen wir ja schon.

Wir backen heute Beerenkuchen.
Nicht für Bären, nicht für Raben.
Den wollen wir allein versuchen,
weil wir Bärenhunger haben.

Wie war das doch gleich?

War es das tapf're Schneiderlein,
das im Rosenschloss schlief ein?
Dort, wo der Wolf die Kissen schüttelt
und Sternentalerbäumchen rüttelt?
Gretel im Eis den Schuh verlor
und mit dem Rumpelstilzchen fror?

Frau Holle derweil Erbsen zählt,
die schlechten für das Töpfchen wählt?
Und sich die dreizehn schwarzen Raben
an Omas feinem Kuchen laben,
zusammen mit dem Koch vom Schloss
und des Königs Reitertross?
Der Prinz auf „Esel streck dich" sitzt,
dann eilig zu Schneewittchen flitzt,
ins Pfefferkuchenhaus?

Wie war das denn? Wer kennt sich aus?

Viele Katzenkinder

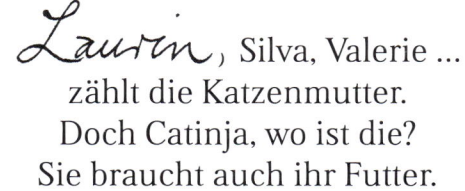

Laurin, Silva, Valerie ...
zählt die Katzenmutter.
Doch Catinja, wo ist die?
Sie braucht auch ihr Futter.

Dann fehlt noch der Bogumil,
der schlabbert doch besonders viel.
Und wo ist Susa, sie, die Kleinste,
die Schönste und die Allerfeinste?

Die Katzenmutter zählt und zählt,
wer denn sonst noch alles fehlt.
Bertram fällt ihr ein,
und Minja Sonnenschein.

Sie hört ein leises „Pss Pss Schnurr"
und weiß, das ist der Kater Knurr.
Er bringt nach Haus die ganze Truppe
zur abendlichen Milchrahmsuppe.

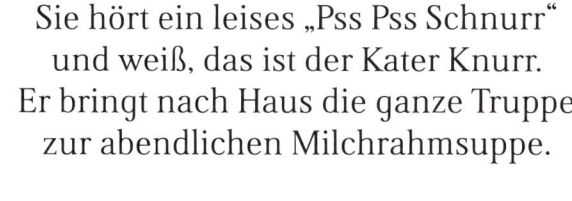

Alle sind sie da! Alle kommen wieder!
Beruhigt setzt sich die Katzenmutter nieder.
Weißt du noch, wie viele es sind?
Und die Namen von jedem Katzenkind?

Sag mir, wie, sag mir, wann man grüne Bohnen ernten kann.

Rennt man durch das weite Land, sie einzufangen mit der Hand?
Oder schwebt man hoch an Seilen, um so lange zu verweilen,
bis es einem glückt, dass man sie mit den Zehen pflückt?
Braucht man Armbrust, einen Pfeil – oder gar ein Hackebeil?
Lässt man sie an Angeln hangeln
und fischt nur sehr lange Bohnen, die den ganzen Aufwand lohnen?
Oder braucht man keine Ruten – dafür aber Wildschweinschnuten,
die Bohnen wie die Trüffel suchen – unter Eichen oder Buchen?
Werden sie nur abgezwickt, vielleicht mit Bällen abgekickt?
Muss man sich mit Netzen unter Bohnenbäume setzen?
Macht man etwa schnipp schnipp schnapp, schneidet fünf auf einmal ab?
Oder werden sie gebracht, wenn man dreimal herzhaft lacht?

Weißt du, wie, weißt du, wann man grüne Bohnen ernten kann?

Matsch oder Marzipan

Das Schweinchen Rosa Motz
oinkt täglich laut aus Trotz:
„Ich will nur in Pfützen buddeln
und mit Matsche mich beschmuddeln!"

Doch heute steckt der Bauer Huber
Rosa in den Wäschezuber.
Mit viel Seife und dem Schrubber,
auch mit mächtig viel Geblubber

und dem langen Wasserschlauch
werden Ohren, Schnauze, Bauch
von Rosa Motz, dem Schwein,
wieder picobello rein.

Rosa glänzt wie Marzipan.
Der Bauer blickt sie freundlich an.
Doch seine Rosa Motz
oinkt ganz laut aus Trotz:

„Pass auf, wie schnell ich rennen kann!"
Sie flitzt mit einem Affenzahn
in das nächste Matschloch rein
und fühlt sich wieder schweine-fein.

Zuhause ist es doch am schönsten

Ein Troll in Nordnorwegen fror ganz fürchterlich
trotz zweier dicker Decken – unter und über sich.
Er zitterte und zitterte im nordisch dunklen Wald.
Es war eiszapfenkalt.

Und da er nur am Zittern war in diesem großen Frost,
bracht' man ihn per Schlitten auf die nächste Post –
und schickt' ihn auf die Schnelle in einen Palmenwald.
Dort war es nicht so kalt.

Doch Heimweh macht' den Troll zum kläglich armen Tropf,
das wurde immer stärker im Herzen und im Kopf.
Er wollte auf die Schnelle zurück nach Nordnorwegen
und dann drei Decken eben unter und über sich legen.

Besser so, wie es ist

Verrückte Geschichten und Neuigkeiten
uns tagein tagaus begleiten.
Doch soll es jetzt Gerüchte geben:
sechzig Jahre als Kind zu leben!

Es gäbe kein Auto, kein Bier, kein Büro.
Man lebte wild, mal so und mal so.
Es würden nur Kinder in Häusern sitzen
oder durch Straßen skaten und flitzen.
Manchmal säßen sie auch auf Bäumen
mit ganz wunderschönen Träumen
von Mamas Schnitzel und von Märchen.
Es gäbe aber nur Gummibärchen.

Bloß bei Donner und bei Blitzen
würden sie nicht auf Bäumen sitzen.
Sie kletterten auf Papas Rücken,
würden sich gerne fest an ihn drücken.
Doch Papa und Mama würd' es nicht geben.
Was wäre das für ein Kinderleben!

Pudel Punadel

Gar lange Zeit ist schon vergangen,
als Pudels Kummer angefangen.

Es gab da jemand, der schob, wie gemein,
ein **na** in seinen Namen hinein.

Als Pudel war er ganz ein Feiner,
und jetzt, als Pu**na**del, irgendeiner!

Da schüttelt' er die weißen Locken,
macht' sich energisch auf die Socken.

Er wollte das **na** einfach verkaufen.
So ist er vom Aal bis zum Zebra gelaufen.

Doch wen er auch fragte, der war dagegen,
sich einen Namen mit **na** zuzulegen.

Die Katze fauchte: „Ich und Ka**na**tze?"
Böse hob sie die Krallentatze.

56

Der Schwan wollt' gleich ins Bein ihn beißen,
sollte ab jetzt Schwa**na**n er heißen.

Ein Känguru mit Weitsprungbeinen
fing auf der Stelle an zu weinen.

„Kängu-**na**-ru? Wie schrecklich! Huch!"
Punadel gab ihm sein Taschentuch.

„Lanama?", grollte das Lama und zuckte,
bevor es wütend ihn bespuckte.

Ein Karawanenkamel in einer Oase
zeigte die Zähne und rümpfte die Nase.

„Kanamel? Hast du 'nen Sonnenstich?
Verschwind', sonst werde ich ärgerlich!"

Es trieb ein großes Krokodil
mit hungrigem Blick im blauen Nil.

Punadel wollte es gar nicht wagen,
Krokonadil ihm anzutragen.

Zum Schluss hat's das S-Horn dankbar genommen
und ist als Nashorn zu Ruhm gekommen.

Erschöpft legte da sich der Pudel nieder.
Er hatte den richtigen Namen wieder!

Doch wurde sein Schlaf sogleich gestört,
weil er ganz nah ein Grollen hört'

von einem Drachen - ein schlimmer Traum -
aus dessen Nüstern quoll rötlicher Schaum!

„Ich wär gern Dr*na*che, ich Ungeheuer,
da spuckte ich riesige, glühende Feuer!"

„Zum Glück", träumt der Pudel, „hab ich den nicht gefragt.
Der hätte zum **na** gleich ja gesagt!"

Michel auf dem Mond

Am Sichelmond hing eine lange Schnur.
Der Michel fragt: „Warum denn nur?
Die reicht ja bis nach Ickenbüller,
bis zum Reisebüro Müller."
Nun, hier konnt' man Tickets buchen
und den Mann im Mond besuchen.
Doch es war allen sofort klar,
ans Ziel kam nur, wer sportlich war.
Die Kletterei dauerte Wochen.
Am Schluss ist man nur noch gekrochen.
War die Sichel dann erklommen,
hat jeder ein Geschenk bekommen:
ein Mondhörnchen
aus Glitzerkörnchen.

Und wer dann später ein Croissant verspeiste,
erinnert' sich, dass er zum Mond einst reiste.
Das heißt: man kletterte von Ickenbüller,
direkt vom Reisebüro Müller,
bis zu des Mondes gelber Sichel.
„Dort saß der Mondmann", so erzählt der Michel.

Bei Familie Spritzig

Wenn Lill und Till im Bett jonglieren
und das Gleichgewicht verlieren,
quietschend auf die Kissen fallen,
Bälle an die Wände knallen,
durch das Kinderzimmer kurven
und wie lahme Enten schlurfen
mit den Moonboots von Mama
oder Hemden vom Papa –

Kaka im Käfig dudu macht
und das Meerschwein schelmisch lacht,
Fiffilein die Jagdwurst klaut,
Mietz ihm eine runterhaut,
der Hamster aus dem Laufrad dodelt,
Lora den Kaiserwalzer jodelt,
Mausi den letzten Käse frisst,
dann weiß man, dass es lustig ist.

Bei Familie Spritzig
finden alle alles witzig.

Traumreise in der Nacht

Ich komme in der Welt herum.
War schon in Krähenmupfeln!
Dort sind die Leute gar nicht dumm,
weil sie immer schlupfeln.

Willst wissen du, wie man das macht?
Dann fahr mal hin in einer Nacht.
Es muss ganz dunkel sein –
ganz ohne Lichterschein!

Oder du träumst vom Schlupfeln
im fernen Krähenmupfeln ...
Wenn du dann weißt, wie man das macht,
bist du schon wieder aufgewacht.

Gute Nacht!